কবিতাসমগ্র

রাইমা দাস

Copyright © Raima Das
All Rights Reserved.

ISBN 979-888569174-1

উৎসর্গ --

বাবা - সুশান্ত দাস

এবং

মা - শ্যামলী দাস

যাদের আশীর্বাদ ছাড়া আমার জীবনের কোনো অস্তিত্ব নাই

বিষয়বস্তু

বিষয়বস্তু

ভূমিকা

সবার জীবন প্রথম থেকেই সহজ হয় না,,,
নানান প্রতিকূলতার মাঝে একটার পর একটা ঝড় সামলে এগিয়ে যেতে হয়...

সেখানেই হয়তো অনেক প্রতিভা নষ্ট হয়...
অনেক সময় সব হারাতে হারাতে বেঁচে থাকার প্রবল ইচ্ছে ছন্দ বাঁধতে শিখিয়ে
দেয়। কাউকে বলতে না পারা কথা প্রাণ প্রায় প্রতিটা কবিতার লাইনে....
নিজের জীবনাদর্শন অভিজ্ঞতা নিয়ে এক একটা কালের ইতিহাস বহন করে
কবিতা গুলো...

1. " ৯ অক্টোবর "

৯ অক্টোবর, ক্যালেন্ডারে লাল রংএর
গোল পাকানো।
হঠাৎ শত ব্যাস্ততার মাঝে শান্ত, ক্লান্তির দীর্ঘশ্বাস পড়লো বছর
তিরিশের রিমির
বাবা মা দুজনেই গতবছর বিদায় নিয়েছে, !!
পরিবার বলতে সখের একটা ঘর,স্বামী এক মেয়ে
সরকারি হাসপাতালের ডাক্তার রিমি হাতে
এক মুহূর্ত সময় নেই!! তবু আজ ,,
কত ভাবনা স্মৃতি ভিড় করে আসে
কলেজে দিনগুলো, বন্ধু বান্ধব,, হাসি আড্ডা
আর অনুপম??
অনুপম দত্ত
আজ বছর পাঁচেক পর!
তোমার স্মৃতি মনে করা নিছক বোকামি
যারা বিশ্বাসঘাতক হয় তাদের মনে করতে নেই !!
তোমাদের মতো ছেলেরা শুধুই ছলনা করে
আর যারা ছলনার শিকার হয়,
ভেঙেচুরে ছারখার হয়ে যায় তাদের জীবন
এরকম ছেলেকেও কি ভালোবাসা যায় ?
হ্যাঁ, যায় আমি বেসেছিলাম,
কিন্তু কখনো ভাবিনি সেই ভালোবাসার মানুষটি
আমার গায়ে অ্যাসিড ছুড়তে পারে !
প্রিয় বান্ধবী তমসা, বাঁচিয়েছিল সেদিন
ও বলেছিল, অনুপম তোকে শেষ করে দেবে

এসব জানার পড়েও, ফোন করেছিলাম কারণ জানতে....
সে শুধু অঝোর ধারায় কেঁদেছে,কিন্তু ভুল স্বীকার করেনি।
আমিও আর মুখ দেখতে চাইনি কোনোদিনও
অনেক অপমান করেছি, শেষ বোদহয় বলেছিলাম
"তোমায় মতো পশুকে কেউ ভালোবাসতে পারেনা" ! !
তারপর সব ছেড়ে চলে আসি, বাবা জোর করে বিয়ে দিয়ে দেয়
বছর কয়েক পর সেই বান্ধবীর থেকে জানতে পারি
অনুপম নির্দোষ ছিল, আমাদের সম্পর্ক
ভাঙার জন্যই সে ইচ্ছে করে এটা রটিয়ে ছিল।
সেদিন সবচেয়ে বেশি ঘৃণা হয়েছিল
নিজের সবচেয়ে কাছের বন্ধুও কি পারে
নিজের স্বার্থের জন্য, ভালোবাসা কেড়ে নিতে পারে ?
না সেদিন ক্ষমা চাওয়ার সাহস হয়নি অনুপমকে!
ফিরে যাওয়ার উপায়ও নেই
ক্যালেন্ডারে লাল দাগ টায় হাত বোলাতে বোলাতে
তুমি কেন আমায় সত্যিটা বললে না, অনুপম?
দেখো আজ ৯ অক্টোবর, শেষ দেখার দিনটা
আজও বুকে বিঁধে আছে ! !
আমাদের তো একসাথে থাকার কথা ছিল
ঠিক তখনই হাসপাতাল থেকে ফোন আসে
পেসেন্টের এমারজেন্সি কন্ডিশনার,
কোনো ডাক্তার নেই, কি করবে?
রিমি সব ভাবনা মুঝে ফেলে, ফিরে আসে বর্তমানে
একটার পর একটা উওর দিয়ে যায়
পেসেন্ট কে বাঁচাতে হবে, সে তাড়াতাড়ি হসপিটালে আসছে।
কোল থেকে নীচে পড়ে যায় ক্যালেন্ডারটা
হসপিটালে এসেও বাঁচলো যায়নি পেসেন্টটিকে
রিমির জীবনে এই প্রথম কোনো রোগী
বিনা চিকিৎসায় মারা গেল।

রিমির হতাশ হয়ে ফিরে আসে,,
তখনই নার্স চেঁচিয়ে বলে অনুপম দওের
বাড়ির লোক কারা, ডেডবডি বার করতে হবে ! !
চমকে উঠে রিমি, মুখের ওপর থেকে সাদা
কাপড় খুলে থমকে যায়....
আজ ৯ অক্টোবর, শেষ দেখা
চিরজীবনের জন্য ! !

2. " ২২ বছর "

নিজেকে আবিষ্কার করেছি
দীর্ঘ বাইশ বছর পর ।
এখন আমার একটি ছেলে
দুটি মানুষে সাজানো ঘর।
এখন অনেক দায়িত্ব আমার কাঁধে
পিন করা শাড়ি এখন হাতে।
দু- দন্ড সময় নেই,,,
মাপ যোগে সব চলছে বটেই।
বাজার করা, রান্না করা একার সংসারে,,
আমিই মা,, আমিই বাবা
হয়েছি অকাতরে!
সামলে উঠেছি হাজার ক্ষত
দূর করেছি অভাব যত।
আয়নার সামনে আজ বহুদিন পর
চামড়ায় কোঁচ পড়েছে,
কেটেছে বাইশ বছর।।

3. " আমি আজও প্রেমিক হই "

বুঝলে নয়নতারা .....
কাল তোমায় দেখেছি আটপৌরে লাল শাড়িটা তে
আলুখালু ভিজে চুল কোমর অব্দি লুটিয়ে পড়েছে , আর চোখের
মোটা কাজলে যেন পৃথিবীর সব অন্ধকার এসে মিশে গেছে ।
তোমার দেহের ঘ্রাণ নিতে গিয়ে
বড়োই সংকটে পড়েছিলাম ...
পৃথিবীর সব গন্ধ যেন তোমার দেহে মিশে আছে ।
মনে আছে আমি একখানা নীল শাড়ি কিনে
দিয়েছিলাম
কিন্তু আমিতো নীল খুঁজে পাইনি,
যেন সব রং মিশে তাতে
সাত রঙা রামধনু হয়ে গেছে ।
২৫ টা বছর কেটেছে তবু তোমার
চোখের কাজলে আমি আজও মুগ্ধ হয়ে থাকি।
তোমার ভিজে চুলের স্পর্শে আমি
আজও প্রেমিক হই ।
বয়স বাড়লে প্রেম কি কমে ?
কাল তুমি নীল রঙের শাড়িটা পড়ো
আমি না হয় ,,,,
হন্য হয়ে রামধনু খুঁজবো ।।

4. " তুমি কি জানো ? "

তুমি জানো আমি ঝুমকো পড়তে
ভালোবাসি ?
বৃষ্টি ভালোবাসি !!
কিন্তু তুমি যে খরা এনেছিলে ,
আমি সেখানেও সবুজ ঠেলে দিয়েছি।
তোমার বিষাক্ত ছায়ায় উওপ্ত বিশ্বব্রহ্মাণ্ড,
আমি তাও শান্তির ছায়ায় মুড়ে দিয়েছি।
ওই যে সেদিন রাগ করে আমার কবিতার
বই দুখানি করলে !!
আমি অনেক জোড়ার চেষ্টা করেছি
একটা নতুন সম্পর্কের মতো।
তুমি জানো আমি গঙ্গার ঘাট পছন্দ করি?
আলতো হাওয়া, আর কাঠগোলাপ ।
শাড়ির ভাঁজে তোমার ছায়া খোঁজার চেষ্টায়
ব্যর্থ হয়েছি ,তবু ঝুমকো পড়া ছাড়িনি!
তুমি কি জানো ,
আমি ঝুমকো পড়তে ভালোবাসি ??

5. " অপয়া ও সুলক্ষণা "

মেয়েটার গায়ের রং তামাটে, রোদে ঝলসানো
জাতে নীচু অনাথ, অভাগা, অপয়া বলে লোকে।
বসিরহাটের নোংরা ভরা বস্তি পাড়ায় বাস,
মেয়েটা নিরক্ষর ,শিক্ষাও তো আসে মানুষ দেখে!!
অপয়া যোগ হয়নি তখনও, কুমারী ছিল যখন
খাওয়ার জ্বালা পড়ার জ্বালা, বড়োই তার জ্বলন ।
বিয়ের বয়সে হয়নি বিয়ে, বাচ্চা মরলো জন্ম দিয়ে।
অপয়া, অলক্ষ্মী, সম্বোধনে পুড়ে ঝলসাতো তার মন।
পাশের বাড়ির বস্তিতে নয়, শহরতলির কাছে
বাস করে উঁচু বর্নের এক সুশিক্ষিতা মেয়ে।
গুণ আছে বা নাই থাক রূপেই সে আজ লক্ষ্মী
পড়লে শাড়ি পড়লে কাজল মানুষ তাকেই দেখে গিয়ে।
শৈশব কাটে অন্তর্জালে মুঠোফোনে বাঁধা সংসার।
বাবা মার একমাত্র মেয়ে কেন রাখবেনা তার আবদার?
মাংস পাতে না থাকলে , খাবার রাস্তায় সে ফেলে!
থাকুক যতই খারাপ স্বভাব, সমাজ তাকে সুলক্ষণা বলে।
কোনটা সঠিক অপয়া নাকি সুলক্ষণার জীবন?
কেই বা বঙ্গনারী? মাপ করা হয় কিসে?
সুলক্ষণা বাঁচতে জানে আবেগময়ী সে
আর অপয়া তো রহস্যময়ী জগৎ চালায় যে ।।

৬. " কেন্দ্রবিন্দু বাড়িটা "

ওই বাড়িটা কেন্দ্রবিন্দু ছিল,,
চারপাশে ছিল স্মৃতি মাখানো বটের শ্বাস..
আর একটা ভাঙা পাঁচিল,ফাটা দেওয়ালে ছিল
অশখের বাস,
পরন্ত দুপুরে তার পরন্ত নিঃশ্বাস।
লোকের কথায় ভূতের নিবাস সেটা।
রহস্যের ভরা কনায় কনায় ওটার,
আবিষ্কার হয়নি প্রানের ভয়ে।
ফেরেনি এমনও হয়েছে সেখানে গিয়ে।
ও রাস্তায় পরেনি মানুষের পা
জ্যান্ত মানুষের নিঃশ্বাস ওখানে অচল,,
এটাই সেই পুরানো বাড়িটি
ওই কেন্দ্রবিন্দু বাড়িটা আমার মন।

7. " লাশবাহী "

আমি লাশবাহী হতে চাই...
পৃথিবীর সব লাশ বয়ে নিয়ে ফিরি ... সেই হিমালয় থেকে
কন্যাকুমারী
শুধু হাহাকার দেখি ।
লাশগুলো জ্বলে ওঠে,,,
ছাই হয়ে মিশে যায়
আর্তনাদের পর আর্তনাদ,,
তারপর নতুন প্রাণ
দেহ ছেড়ে চলে যায়....।
শুধু অপেক্ষা করে এক দীর্ঘ বৃষ্টিপাতের..
পোড়া ছাইয়ের ওপর সবুজ পাতা ফোটে।
মৃতজীবি কুড়ে খেতে পায়না, পচাতে পারেনা দেহ
তাই তারা অকাতরে ছোটে... ।
উল্কাপাত হয় গ্রীষ্মের রাতে, তারা খসে পড়ে।
মারিয়ানার গভীরতাও চমকে উঠে বলে, তার কত বাকি ?
দাবানলে জ্বলবে না দেহ!
শুধু লাশ বয়লেই হবে,
সাথে পাপ টাও বয়ো! হিম হয় ব্যার্থতা গুলো
আবার আসবো বলে
যখন নিজের হাতে নিজের মানুষ আমাতে আগুন জ্বালে
লড়াই শেষে মৃতদেহ বয়ে এক দীর্ঘশ্বাস ফেলে
দেখি পাঁচ বছরের ছেলেটা আকাশে তাকিয়ে মাকে ফিরিয়ে দিতে
বলে।।

৪. " পুরুষ "

মেয়েটির প্রত্যাখ্যান পেয়েও যেদিন,
অ্যাসিড ছুড়তে পারিনি।
বন্ধুরা সেদিন বলেছিল,
পুরুষ নই আমি।
যেদিন রাতে মেয়েটিকে
দেখিয়েছিলাম পথ ।
বলেছিল" সুযোগ নষ্ট করলি,
তুই পারিস যত‌সব!।"
পুরুষ মানেই কি ধর্ষক হবে?
অ্যাসিড ছুড়বে গা'য় ।
পুরুষ মানে তো বাবার জাত!
যারা মেয়েদের আগলায় ।।

৭. " নারীর জীবন "

রাস্তায় ধারে পলিথিনে মোড়া,
কন্যা নবজাত।
হয়েছে মেয়ে রাস্তায় ফেলো,,
উফ্, যদি পুত্র সন্তান হতো!
মেয়ে বড়ো হয়েছে বাইরে কেনো?
সমাজের হাল দেখো
অমুকের মেয়ে ধর্ষিতা হলো।
মেয়ে কে বেঁধে রাখো।
অপয়া মেয়ে কুলহীন সব,,
জায়গা ঘরের কোন।
অন্যের বাড়িতে নির্যাতিতা,,
মৃত্যু করেছে আপন।
মা-র বয়স হয়েছে, কাজ বেড়েছে,
একটু নজর দিও।
"পারবোনা আছে বৃদ্ধাশ্রম"!
ওখানে পাঠিয়ে দিও।
এভাবেই কাটে নারীর জীবন।
শেষ হলে চোখ বোজে!
এত কিছু সহ্য করেও
একটু সুখ খোঁজে।।

10. " তোমাকে চাই "

আমি জানি আমাকে ছাড়া..

চলে যাবে দিন, চলে যাবে সময়,,প্রতিটা মুহূর্ত,,প্রতিটা ক্ষন।

আমি শুধু একটুকরো অংশ মাএ,,মূল্যবান নই,,বন্ধু বলে করতে পারো সম্বোধন..।

আমি জানি আমাকে ছাড়া কেটে যাবে বছরের বারোটা মাস,,,বসন্ত আসা বন্ধ হবেনা মোটেও,,।

শিশির ভেজা ঘাসের ওপর হাঁটতে শুরু করলেও,,উষ্ণ কোনো হাত স্পর্শ করার ইচ্ছা আসবে না,সে পথ দিয়ে হলেও,,

আমি জানি আমাকে ছাড়া অগোছালো হবেনা কোনো কাজ,,নিয়ে যেতে ভুলবেনা রুমাল অথবা ফোন,,।

বার বার বেতারের সংযোগ ওপাশ থেকে আসবেনা জ্বালাতন।

আমি জানি আমাকে ছাড়া..

পরন্ত গোধুলির ক্ষন টুকু হবে না বিলীন,, আমার অনুপস্থিতি হৃদয়ে দেবে না কোনো দোল,,

আমার একটু খানি আনন্দের জন্য রাস্তায় সামান্য ফুচকার দোকানের সামনে করতে হবে না ভিড় হউগোল,,।

আমি জানি আমাকে ছাড়া...

তোমার সন্ধ্যার শহরে অনন্যময়ী প্রদীপ জ্বলে যাবে প্রতিদিন,,নির্দিষ্ট সময়ে,,। হাজারো ব্যাস্ততার মাঝে সবই চলে যাবে ঠিকঠাক,,সামলাতে হবে না কারোর অভিমান,,

একটুখানি একসাথে থাকার জন্য রাশি ইচ্ছার মালা জমিয়ে।

আমি জানি আমাকে ছাড়াই সন্ধ্যা শেষে রাত্রি আসবে নেমে,,জানি আমাকে ছাড়াই বাড়ি ফিরে এসে মনটা হবেনা কখনও ব্যাকুল,,

ফিরতে একটু দেরি হলে গেলেও একটু অজুহাত গোছানো,,বা কোনো

জুঁইয়ের মালা না আনলেও,,হবেনা কোনো ভুল।

আমি জানি আমাকে ছাড়াই,, স্বপ্নের ঘরখানা হবেনা এতোটুকু
অগোছালো,,পড়বে না কোনো ছাপ।

সারাক্ষন কাজের মাঝে ডুব দিয়ে থাকলেও কোলে জোর করে মাথা
দেওয়া মানুষটির হবেনা যদিও অভাব।

আমি জানি আমাকে ছাড়া,,ফাঁক রইবেনা তোমার পাশখানি,, পূর্ণতা
দেবে অন্য কোনো ঢেউ।

বই পড়তে পড়তে চোখে ঘুম নেমে এলে,,
বই টেবিলে রাখার দায়িত্বে থাকবে অন্য কেউ।

আমি জানি আমাকে ছাড়াই,,ঘুমে ঘটবে না কোনো ব্যাখাত,,হাত
ধরার সামান্য বায়না
হবেনা কখনও দামী।

ঘুমের অবসন্ন হয়ে,,মাঝরাতে ঘুম ভেঙে গেলেও,,স্বপ্নেও থাকবো না
তো আমি।

আমি জানি আমি না থাকলেও সম্পূর্ণ তুমি,,জানি কেটে যাবে প্রতিটা
ঘন্টা,মিনিট,সেকেন্ড,, আমি ছাড়াই।

তবুও তোমার শত বিরক্তির মাঝেও
শুধু তোমাকেই চাই।।

11. " কত তাড়াতাড়ি "

কত তাড়াতাড়ি পাল্টে গেল সব

বোঝা হয়ে উঠলো না

কত তাড়াতাড়ি বড়ো হয়ে গেছি,

বোঝার আগেই দায়িত্ব এড়ানো গেল না।

কত তাড়াতাড়ি সব স্মৃতি আবছা হয়ে গেল

নতুন স্মৃতির ভীড়ে অতীত খোঁজা হলো না!

কত তাড়াতাড়ি কাছের যারা দূরত্ব বুঝে নিলো

তা বোঝার আগেই,, দূরত্ব মেটানো গেল না।

কত তাড়াতাড়ি হাতের মুঠোয় পেলাম সব,, কিন্তু কি কি পেলাম??

তা বুঝে ওঠার আগেই দেখি হারিয়ে গেছে সব !

কত তাড়াতাড়ি স্বপ্ন গুলো ভেবে নেওয়া হলো না,,

ভাবার আগেই উধাও হলো,,স্বপ্নগুলো কিছুতেই মনে করা গেল না।

কত ভবিষ্যতের চিন্তায় শান্তিতে ঘুমানো হলো না!

কত অতীত কাঁটার মতো বিঁধেছে,, তা তুলতে গিয়ে

কারণ খোঁজা হলো না ।।

12. " তোমার সাথে "

আমি তোমার সাথে আটপৌরে দুপুর কাটাতে চেয়েছিলাম......
তোমার আঁচল তলে আমার ভালোবাসা ঘর বাঁধতে চেয়েছিলাম... ।
মনে আছে,,
তোমার চোখে কাজল পড়াতে গিয়ে,,
তোমায় আটকে ছিলাম সিক্ত মায়াজালে....
তোমার গায়ে গন্ধ নিতে গিয়ে
তোমার প্রেমে পড়েছি বহুবার ।

আমি তোমার সাথে এক যুগ কাটাতে চেয়েছিলাম
তুমি চুল মোছা দেখতে গিয়ে
কাজে ভুল করেছি বারংবার।
আমি তোমার সাথে এক ঐতিহাসিক দিন কাটাতে চেয়েছিলাম
কিন্তু তুমি তো আমায় যুদ্ধে যেতে দাওনি...
আমি তোমার সাথে যাযাবরের জীবন কাটাতে চেয়েছিলাম
তুমি আমায় সিন্ধু খুঁজতে দাওনি.....
তোমার রান্না করা হাতে আমি
বিশ্ব খুঁজতে চেয়েছিলাম
হন্য হয়ে খুঁজে,, শেষে
নিজের জীবন খুঁজে পেয়েছি।।

13. " অনেক গুলো বছর পেরিয়ে যাবে "

অনেক গুলো বছর পেরিয়ে যাবে!
তোমার সাথে আর দেখা হবে না,
আমার নাম শুনলে চিনতে অস্বীকার করবে
রাস্তায় দেখা হলেও,, না দেখে এগিয়ে যাবে প্রতি বার।
একদিন তুমি আমায় ভুলে যাবে।
ভুলে যাবে আমার পছন্দ গুলো,
আমার হাজার মন খারাপ গুলো মনে রেখে
সেদিন শুধু ঘৃণায় মত্ত হবে ...
তোমার সাথে আর দেখা হবে না।
তোমার সংসার হবে,, ব্যস্ততা বাড়বে,,
আর তুমি জোর করে আমায় ভুলতে থাকবে।
তারপর একদিন বৃষ্টি হবে
গোটা শহর জুড়ে
ভুলে যাওয়া আমাকে ক্ষনিকের জন্য মনে পড়বে...
কিছু স্মৃতি আবছা হতে হতে
মনের কনায় ভেসে আসবে
কিন্তু আমাদের আর দেখা হবে না!
অনেক গুলো বছর পেরিয়ে যাবে। ।

14. " বেকার "

আমি "বেকার " পরিচয়ে বাঁচি
সমাজ আমার নাম জানতে চায় না,,
জানতে চায় না আমার শহর
আমার শিক্ষা।
তারা আমাকে বেকার বলেই ডাকে!
রাস্তায় আঙুল তুলে পাশের জনকে দেখিয়ে দেয়
দেখো ছেলেটা বেকার....
মাঝে মধ্যে অস্পষ্ট কানে আসে...
বেকার ছেলেকে কে ভালোবাসবে?
এখনও বাবার টাকায় খায়!!
সংসারের বোঝা হয়ে চলবে কদিন??
মাঝরাতে নিঃশব্দ আর্তনাদ শোনা যায়
প্রতিটি বেকারের ঘরে ঘরে।।

15. " গাছটির যত্ন নিও "

গ্রীষ্ম আসুক...
তপ্ত রোদে পুড়ে যাক আমার দেহ।
বাষ্প হয়ে উড়ে যাক যত ক্লান্তি,
চামড়া গুলো ঝলসে যাক,
গরম বাতাস স্পর্শ করুক দেহ।
বর্ষা আসুক...
আমার দেহের ওপর অফুরন্ত বর্ষা নামুক
জলের প্রতিটি ফোঁটা স্পর্শ করুক দেহ।
শুষ্ক চামড়া এবার সিক্ত হয়ে উঠুক
আসতে আসতে পচবে অঙ্গ গুলো।
শীত আসুক....
ঠান্ডা বাতাস বয়ে যাক
দেহখানি মিশুক মাটির সাথে
দুমড়ে মুচড়ে এক হয়ে যাক সব, ঠিক সেভাবে,
মানুষ মাটিতে যেভাবে মেশে।
বসন্ত আসুক....
আমার দেহ মেশানো মাটি থেকে,,
ফুটে উঠুক নতুন প্রান, ছোট্ট চারাগাছ
সে গ্রীষ্মে রোদে শুকিয়ে যাবে
বর্ষায় ভিজে লুটিয়ে যাবে
শীতে শিশির আকড়ে ধরবে
ঠিক আমার মতো!
গাছটির যত্ন নিও.....!!

16. " তুমি আসলে না কেন ? "

আমার মুহূর্তেরা বদ্ধ ঘরে বন্দী করে আবেগ গুলো আমার বদ্ধ ঘরে
মেঘ ঢুকেছে ধরতে গিয়ে হলস্থুল !
তোমার মনের ঘরে প্রাচীর গুলো বড্ড উঁচু করাত যেন ,
তুমি আসবে বলে গান বেধেঁছি তুমি আসলে না কেন?
আমার আবেগ যত অবাক হয় তোমায় দেখে
আমি বড্ড রাগি তুমি শান্ত কেন?
তুমি আসবে বলে ছন্দ মেলাই, তুমি আসলে না কেন?

17. " মেয়েটি বাঁচতে চেয়েছিল "

সেদিন নৃশংস ভাবে
খুন করা হয়েছিল...
একজন আঠারো বছর বয়সী মেয়ের
তিলে তিলে গড়ে তোলা স্বপ্ন গুলোকে....
তাকে বুঝিয়ে দেওয়া হয়েছিল
সে একজন "মেয়ে মানুষ "
সে পরনির্ভরশীল, সে অবলা।
তাকে তার সীমা দেখানো হয়েছিল
ঠিক যেমন পাখি তার খাঁচা থেকে বার হতে পারে না
সেও তার গন্ডির বাইরে পা রাখতে পারে না কোনদিনই!
তার হাত থেকে বই কেড়ে নেওয়া হয়েছিল
ঠিলে দেওয়া হয়েছিল অন্ধকার হেঁশেলে !
হাজার খানের নিয়ম বেঁধে দেওয়া হয়েছিল।
কাঁধ থেকে বই এর ব্যাগ নামিয়ে,
তুলে দেওয়া হয়েছিল পরিবারে সন্মান রাখার দায়িত্ব।
সব কিছু সহ্য করে যখন সে
বড়ো হবে...
তখন তাকে দান করে দেওয়া হয়
পন্য বস্তুর মতো।
সেই মেয়েটা সুখে জীবন কাটাতে চেয়েছিল
তার কপালে আসে
দুঃখ, দুর্দশা আর অত্যাচোর!

মাঝে মাঝে নিজের অস্তিত্ব খুঁজতে গিয়ে তার গায়ে পড়ে যায় ছেঁকার
দাগ।
সেই মেয়েটাও জগৎ দেখতে চেয়েছিল
কাজে ভুলে তাকে আটকে রাখা হয়
অন্ধকার ঘরে।
কথায় কথায় দেওয়া হয় হাত- পা ভাঙার হমকি!
এই মেয়েটিও বাঁচতে চেয়েছিল...

14. " অন্য বসন্ত "

বসন্ত আবার আসবে
পরিচয় হবে তোমার সাথে
এক অপ্রত্যাশিত মানুষ,, প্রত্যাশিত সময়ের সাথে....
তোমায় আঁকড়ে ধরে বাঁচতে ইচ্ছে করবে.....
নিজের হাজারো দুর্বলতা বিলিয়ে দেব তোমার কাছে।
তুমি ঠিক যখন যেমনটা চাইবে
আমিও ঝরে পড়বো দু একটা শিমুল- পলাশের মতো।
তার পর বসন্ত শেষ হবে
সেই মানুষটার অবহেলা বাড়বে ...
এতদিন ধরে আগলে রাখার বাঁধনটা ,, হঠাৎ করে আলগা হয়ে যাবে
।
আশ্চর্যের বিষয় কি জানো...
তুমি আমার চোখের দিকে তাকিয়ে বলতে পারবে "ভালোবাসি না "
তখন কি প্রশ্ন করবো, তুমি মোহে ছিলে নাকি ভালোবাসায়?
উওর নেই কোন....
তবে আবার যদি কোনোদিন ফিরে আসতে চাও, আমার চোখে চোখ
রাখতে ইচ্ছে করে
সেদিন ফিরিয়ে দিয়ে বলবো,
এ বসন্ত আমি চিনি না।।

19. " সুচরিতা "

জীবনে ৬৫ টা বছর কাটিয়ে
যদি ফিরে যাই ফেলে আসা দিন গুলোতে....
সুচরিতা
আমার সবচেয়ে কাছের বন্ধু
প্রিয় রং নীল,
পছন্দের ফুল সূর্যমুখী।
সুচি কে দেখে প্রথম মনে হয়েছিল পার্বত্য মল্লিকা
ওর চোখের কাজলে প্রেমিক হয়েছি বহুবার
যেন সব যুদ্ধে জয়লাভ করতে পারি
ওর মুখ দেখে।
তার শাড়ির কুঁচি ঠিক করেছে বেশ কয়েকবার,
সে এক অনন্য অনুভূতি।
ওর হাত ধরে মনে হয়েছিল
যেন পৃথিবী থমকে গেলেও
কোন অসুবিধা নেই।
সুচরিতা আমার রন্ধ্রে রন্ধ্রে
ঠিক যেমন মানুষ বাতাস ছাড়া বাঁচে না ।
সেই সুচরিতা
যার জন্য প্রেমিক হতে চেয়েছি....
সেই সুচরিতা যার জন্য চল্লিশ বছর ধরে স্মৃতির বীজ বুনেছি ...
যার স্মৃতি কফিহাউস থেকে ভিক্টোরিয়ার মধ্যে সীমাবদ্ধ নেই।
সেই সুচরিতা আজ আমার সামনে
চুলে পাক ধরেছে,, চোখে মুখে বয়সের ছাপ
রাস্তা দিয়ে হেঁটে গেল তার ছেলের সাথে

ভেবেছিলাম আজ কথা বলবোই
কিন্তু,
মুখ থেকে এক ফোঁটা আওয়াজ বের হয়নি
পেছনে ফিরে নিজের রাস্তায় পা এগিয়েছি....
পেছন থেকে চেনা কন্ঠ ভেসে আসে
নীল ভালো আছো?, আমি সুচি !!

20. " এসো তবে "

পূর্ণিমার চাঁদ আমার ভালো লাগে না
তুমি এসো কোনো এক অমাবস্যার রাতে।
উপহার নিয়ে এসো একমুঠো অন্ধকার।

হাতে হাতে রেখে তাকিয়ো আকাশের দিকে
দেখবে ঝলঝল করা ধ্রুবতারাটা শুধু তোমার জন্য ,
সপ্তর্ষি মন্ডল তোমায় বিভোর করবে সাত সাতটা স্বপ্নে!

আমায় চিনতে গিয়ে যখন গুলিয়ে ফেলবে অন্ধকারের সাথে....
হিসাবে মেলাতে মেলাতে অমাবস্যা শেষ হবে
তুমি তো জানো আমি আলোয় দেখতে পাই না,
তুমি এসো অমাবস্যার রাতে।।

21. " মৃত্যুর মতো ভালোবেসো "

তুমি আমায় ভালোবেসো সংক্রামক ব্যাধির মতো।
ছড়িয়ে যেও আমার গোটা শরীর জুড়ে।
যেন বাঁচার আশা না থাকে
যত ঔষধ সব ব্যর্থ হয়
তুমি আমায় ভালোবেসো
রক্তের মতো, রক্ত যেমন সারা দেহে অক্সিজেন বয়ে বেড়ায়
তুমি নিশ্বাস হয়ো...
যেন অকারণে শুধু তুমিই আমায় বাঁচাতে পারো ।
তুমি আমায় মৃত্যুর মতো ভালোবেসো
দেখো আমি ভয় না পেয়ে
তোমার জড়িয়ে ধরবো।

22. " আত্মঘাতীর অন্তর্ধ্বনি "

মর্গের ঘরটা থেকে বারবার ভেসে আসে,
এক আত্মঘাতীর কান্নার আওয়াজ।
বাঁচতে চাওয়ার আর্তনাদে
কেঁপে ওঠে কংক্রিটের দেওয়াল,
জানালার শ্যাওলা পড়া ফার্ণ গুলো
তাকে বিদ্রুপ করে,
মর্গের স্যাঁতস্যাঁতে ঘরটায়
তার দমবন্ধ হয়ে আসে।
আবছা আলোয় যখন ছুটে যেতে চায় নিজের বাড়ি
দেখে তার বিধ্বস্ত পরিবার
তার দেহ আগলে বসে।
মর্গের ওই ছোট্ট ঘরটাই
আজ তার নিজের ঘর,,
আজ আর
দিন শেষে বাড়ি ফেরার তাড়া নেই।

23. " তোমার আমার বিচ্ছেদ হবে "

শহর আবার ব্যাস্ত হবে,
ব্যালকনিতে নেমে আসবে
উন্মুক্ত ভালোবাসা।
তোমার আমার বিচ্ছেদ হবে,
ব্যাস্ততার ভিড়ে দূরত্বের দোহাই দেবে মন!
তোমার কাছাকাছি আর
কখনো আসা হবে না।
ব্যার্থ প্রেমিক –প্রেমিকার
আখ্যানে বিশ্বাসী হবে তুমি।
নেশাতুর সব গ্লাস গুলো
আপন হবে ,
তুমি স্বাধীন হবে!
জয়ী হবে এক অদৃশ্য যুদ্ধে।
এই শহর সেজে উঠবে বহুবার,
তোমার চোখের সামনে দেখতে পাবে অনেক আলিঙ্গন।
তোমার পাশটা তখন
খালি খালি লাগবে
যখন তোমার আমার বিচ্ছেদ হবে।।

24. " বিষে সে বিষাক্ত "

আমি আমাতেই নিঃস্ব. পড়ে আছে বিশ্ব।
এ কেমন আসক্তি , বিষে তে বিষাক্ত ।
আর আছে নীল দেহ, দেখতে পায়না কেহ,
নীলাভে নীলাভ তাহা, নীলের তে আসক্ত।
সকালের মরিটীকা, ফিরে ফিরে দেয় দেখা ,
সবশেষে ঘরে ফেরা. সব-ই হয় রিক্ত ।
মেঘ জমে ধীরে ধীরে, জমে সে নিজের ঘরে.
আসে তবু চলে যায়, সব ই সেসিক্ত করে।
বাদলে চিৎকার ওঠে. নিজের ঘরে সে ছোটে
ফিকে হয়ে আসে সব ই .মুঠো হয় শক্ত ,
এ কেমন আসক্তি , বিষে সে বিষাক্ত ।।

25. " কবিতাকে আমি চাই আমার মতো করে "

না আমি নামি কেউ হতে চাই না।

আমি চাই না, আমায় জানুক অন্যের মতো করে

সামান্য সুখ ব্যাথা , বেদনার মাধ্যম হিসেবে

কবিতাকে আমি চাই আমার মতো করে।

কবিতাকে আমি চাই আমার মতো করে,

গড়তে চাই স্বপ্নের তাজ, দু হাত উজাড় করে

সেখানে বাস্তবতাকে মেটেও দেবো না প্রবেশের অধিকার।

অক্লান্ত কল্পনার মায়াজালে নতুন জগৎ গড়ে তুলবো , নতুন করে

আবার।

সেখানে না হয় পাহারায় রাখব প্রিয় কবিতাকে,

তবু আমি কবিতাকে চাই আমার মতো করে।

যেখানে প্রতিশ্রুতির ঠাঁই নেই,

ঠাঁই নেই সীমাহীন কোনো আশার ।

আকাঙ্খা কে মেরেই না হয় ফেলবো...

দাবী থাকবে না পুরাতন প্রত্যাশার ,.।

তবু কবিতাকে আমি চাই আমার মতো করে

স্বপ্ন আকড়ে ধরে...

বাস্তবতা চাই না আমি, আমার অবসরে

কবিতাকে আমি চাই আমার মতো করে..।।

26. " আমি এইখানেতেই আছি "

আমি তো এইখানেতেই আছি.
ওই যে, ওই ঢেউ যাচ্ছে যেদিক থেকে বয়ে,
ফিরছে বাতাস যেদিক থেকে ,
নিজের রাস্তা দিয়ে
আমি এইখানেতেই আছি..
এই আকাশের নীচে, সব কিছুতেই আমি
তবু কই আমি ? কোথায় আমি গেছি ?
না... আমি এইখানেতেই আছি।
আমি তো এইখানেতেই আছি,
ভাসছি আমি, মিশছি আমি বইছি আহি রোজ
নয়তো আমি মরা মানুষ, কিসের এত খোঁজে ?
আমি তো এইখানেতেই আছি।
এই স্কুলের ব্যাগে, এই বইয়ের পাতায় পাতায়
রয়েছি আমি শেষের লাইন পড়ার অপেক্ষায়,
এই ঘরের মাঝে, প্রতিটা কনায় কনায় আমি
পড়ার টেবিল, শাড়ির ভাঁজ, চায়ের কাপেও আমি ।
আমি এইখানেতেই আছি
সব কিছুতে মিশে, এই ছায়ার মাঝেও বাঁচি
আমি এইখানেতেই আছি

27. " অপেক্ষায় "

একাকিত্বের চলছে আঁধার
তবু থামছে না তো মোটেও
বলি ও সুখ তুমি কোথায় গেলে?
পথ ভুলেছো বটেও।
তবু হবেনা তোমায় আসতে জোরে ,
নেই যে কোনো তাড়া ।
একাকিত্বের ভীষণ মজা
একাকিত্বেই হারা ।
কদিন পরই না হয় এসো
আর না এলেও সমস্যা নেই
আকাঙ্খা আমি করেছি ত্যাগ
তোমার অপেক্ষাতেই ।।

২৪. " মা-ই প্রাণ "

বড়ো অগোছালো এই জীবন ,
না আছে দুঃখ, না কারোর সাথ ।
না আছে সুখ,
না কোনো অজুহাত ।
তবু চলছে জীবন,
চলার পথে তার ।
হবে যেদিন বড়ই ক্লান্ত
এপথে ফিরবে না তো আর ।
তবুও কিসের এত মায়া ,
কিসের এত টান ।
" মা " ছাড়া কি জগৎ চলে,
চলে কি কোনো প্রান ?

29. " বেহিসাবী খাতা "

বেহিসাবী খাতা
হয়ে ওঠেনি এখনও সম্পূর্ণ।
একরাশ স্বপ্নের সাথে গুলিয়ে গিয়ে,
হয়েছে আজ শূন্য ।
শুধু শূন্য, আর শূন্য,
বাস্তব অস্তিত্বের কিছুই জানা নেই ।
কি করছি ? কেন করছি ?
আমি কি আগের মতো সেই ?
না... আমি আগের আমি না,
বাস্তবে আমি এসেছি অনেক আগেই ফিরে ।
ছিন্ন করে স্বপ্নের মায়াজাল,
পরে রয়েছি কোনো এক মরু প্রান্তরে ।
হ্যা, মরু প্রান্তরই বটে,
নেই প্রানের একটু ছোঁয়া ।
তবু কিসের এত আক্ষেপ,
যখন চেনা জিনিস হয়ে ওঠে অচেনা ।
না.. অচেনা হয়ে ওঠেনা।
অচেনা বানানো হয়, প্রতিটা মুহুর্তে ।
তাহলে কাকে করবে বিশ্বাস ;
ভালোবাসা যাবে কি ছোট্ট একটা শর্তে ।
খুবই ছোট্ট একটা শর্ত, যেখানে - .
ছেড়ে যাওয়ার আশঙ্কা থাকবেনা মন থেকে।
থাকবে শুধু নির্মল দুটি প্রাণ,
একে অপরের ওপর ভরসা টুকু রেখে ।

ভরসা তো রাখতেই হবে,
ভরসা ছাড়া এখন কাকে পাবে ।
সেটা না থাকলে,
জীবন নামক ডায়রিটা যে অসমাপ্ত থেকে যাবে ।
অসমাপ্ত থাকলেই বা কি,.
ডায়রির সব পাতা তো কলমের ছোঁয়া পায়না
সারাজীবন শূন্য হয়েই রয়ে যায়,
তাতে হিসাব লেখা হয়না ॥

৩০. " শীতল দেহ উষ্ণ হোক আবার "

চলছে সময়, বইছে সময়, মেঘলা আকাশ অন্ধকারে ..
দরজা বন্ধ মনের ভেতর, ঝাপটা আসছে কেমন করে ?
মেঘও ডাকছে নিজের মতো, অহংকার কমছে না তো !
কাঁপছে কাঁপুক দেশ বিদেশ বয়ে যাক তাবু আলোর রেশ ।
জলের ছোঁয়া আসুক নেমে, সবুজ পাতার পর্শ পাক
কাঠের ঘর ভিজে যায় যেন, থাকুক যতোই অন্ধকার ।
বয়ে যাক হাওয়া আকাশ পানে, নড়ে যাক পাতা গুলি...
ছাদের কোনে দাঁড়ানো মেয়েটির ঢেউ হোক চুলগুলি।
দু -ফোঁটা বৃষ্টি তাকে বিরক্ত করুক, নেমে আসতে বাধ্য হোক ঘরে
,
আবারও একাকিত্বের সাথে দেখা, ঝড় উঠে যাক মনের ভেতর জুড়ে
।
জলে ভেজার কাঙ্খা পূর্ণ হোক, জানালা দিয়ে আলতো ভিজুক হাত ,
শিহরন জাগুক গোটা শরীর জুড়ে, এলোমেলো হোক সমস্ত কটা রাত
।
তার ভিজে শাড়ি, ভিজে চুল হোক স্বর্গ, জলের ছোঁয়ায় নুপুর হোক
শান্ত
শুকনো গামছা তাকে পাওয়ার আশা রাখুক , দালানের তারখানি
হোক শাড়ির ভারে ক্লান্ত ।
তার ভিজে চুল মোছার আওয়াজে, ঘুম ভেঙে যাক শত শত
মেঘমালার,
চায়ের কাপ তাকে পর্শ করুক আলতো, শীতল দেহ উষ্ণ হোক

আবার ।।

31. " অভুক্ত "

কখনো অনাহারে মানুষ
মরতে দেখেছেন??
খ্ষিদের জ্বালায় শুকাতে দেখেছেন
তাজা প্রাণ।
তবে একবার রাস্তায় বেরিয়ে পড়ুন
কত অভুক্ত ভিক্ষার ডালা নিয়ে ছুটে চলেছে,
পেটে ভাতের বদলে
দলা পাকিয়েছে নাড়িভুড়ি
ওরা ছলচাতুরি জানে না
আপনার পকেটের দিকে ওদের কোনো লোভ নেই
তবুও কি আপনি দেবেন দুটো টাকা
নিজের মনুষ্যত্ব মনে করে ?
নাকি দু ছাই করে দূর করে দেবেন
আপনার সীমানা থেকে,
একটু সময় করে দেখবেন ওদের সংগ্রাম
ভয় পাবেন ওদের চোখের বিভৎসতা দেখে,
ওরা আজকের থেকে কালকের
বাঁচিয়ে রাখে

বস্তির আনাচে কানাচে খোঁজ
পাবেন ওদের
অসহায়, অক্ষম হয়ে কেউ
ছুটে আসবে না আপনার কাছে

ওদের প্রবল লজ্জা,
ওরা অভুক্ত থেকেও হাত বাড়াবে না আপনার সুসজ্জিত খাবারের
ডালিতে

•

আপনি কি দেখেছেন কোনদিনও
চোখের সামনে তিলে তিলে মরতে।

32. " নিরুপায় এক ডাকবাক্স "

আমি এক পুরাতন জরাজীর্ণ
ডাকবাক্স,
কত না চিঠি আগলে রেখেছি
দুই হাতের মুঠোয় ।
কত প্রেমিকের মনের কথা
যত্ন করে পাঠিয়েছি তার প্রিয়তমার কাছে ।
কত ব্যাকুল হৃদয় প্রিয়জনের খোঁজ নিয়ে যায়
সকাল সন্ধ্যা এসে,
আমি এক পুরাতন ডাকবাক্স
যার অস্তিত্ব এই দশকেই শেষ হবে,
চিঠি লেখার কৌশলের আর প্রয়োজন হবে না,
আমিও চাকরি হারিয়ে হবো বেকার !
তবু আমি আজও আগলে রাখি
ভাঙ্গা হৃদয়ের কথপোকথন
আমি এক জরাজীর্ণ ডাকবাক্স, যার আর
প্রয়োজন হয়না এখন।।

33. " প্রাণহীন লাশে "

কখনও হেরে যাওয়ার পর
ঘুরে দাঁড়তে চেয়েছিলে ?
ঘুরে দাঁড়িয়ে আমিও জিততে পারি ভেবে,
জেতার চেষ্টা করেছিলে ?
নাকি ভাগ্যের দোষ দিয়ে
মেনে নিয়েছিলে পরাজয়
আর হেরে যাওয়ার কারণ খুঁজে ছিলে !

কখনও অপমান করার পর
নিজের ভুলগুলো খুঁজে ছিলে ?
নাকি নিজের ভুল চাপা দেওয়া
অজুহাত গুছিয়ে ছিলে।
হাজার টা প্রশ্ন কখনও জমা হয়নি এসে ?
নাকি ভুল হয়েও লুকিয়ে গিয়ে
নিজেকে শ্রেষ্ঠ ভেবেছো শেষে ?
কখনও জেতার পর
পেছনে তাকিয়েছ একবার ?
নাকি একবার জিতে
জীবন যুদ্ধে জিতেছ ভেবে নিলে !
কিংবা ভুল প্রমাণিত হয়ে,
নিজের দোষ জাহির করে
বেরিয়েছ কখনও ?
কেন নিজস্বতা মিথ্যা করে
নিজেকে চুপ করালে?

এত প্রশ্নের উত্তর কি ,
দিয়েছ কারোর কাছে ?
তবে উত্তর গুলো গুছিয়ে রেখো
কাজে লাগবে তোমার প্রাণহীন লাশের ।।

34. " বছর কয়েক পর "

আবার যদি বছর কয়েক পর
তোমার সাথে দেখা হয় !
তুমি কি আমায় চিনতে পারবে ?
তখন তোমার গাল ভর্তি দাড়ি
মাথায় পরিপাটি করা চুল
আর কাঁধে চাকরির বোঝা।
তুমি কি তখনও
দাঁড় করিয়ে বলবে কেমন আছো ?
নাকি আমার মাথা ভর্তি সিঁদুর দেখে
নিজের গুটিয়ে নেবে ।
যদি ভুল বসত বলেই ফেলো
কেমন আছো ?
বলবো, ভালোই আছি
তুমি কি তখনই চলে যাবে ?
নাকি মিনিট দুয়েক তাকিয়ে
থাকবে ব্যার্থ প্রেমিকের মতো !
তখনও কি দু- একটা কথা বলে
এগিয়ে যাবে কি ?
নাকি জানতে চাইবে হঠাৎ করে
আমার সংসারের গল্প।
তোমার মোটা চশমার মধ্যে দিয়ে
এড়িয়ে যাবে আমায় দেওয়া প্রতিশ্রুতি গুলোকে।
তখনও কি আমায় থাকবে মনে ?
নাকি ভুলে যাবে

আমি অন্য কারোর বলে !
আমায় চিনতে পারবে ?
বছর কয়েক পর আবার দেখা হলে !

35. " সেই মেয়েটার উদাসীনতায় "

কালো মেঘ ঘনিয়ে এসেছে
গোটা শহর জুড়ে নাকি ?
থমথমে পরিবেশ, বজ্র বিদ্যুৎ সহ ,
বৃষ্টি হতে আর কয়েক সেকেন্ড বাকি !
ট্রাম বাস সব অবরোধ করেছে,
বাড়ি না ফেরার আর্জি জানিয়েছে ঘরহারা।
কাগজের ফুল ঝরে গেছে কোন সকালে !
পর্ণমোচীর বনে হঠাৎ এসেছে পাতাঝড়া ।
তাহলে সেই মেয়েটার কথা বলি,
পৃথিবী সবুজ হয় যার প্রাণের ছোঁয়ায় ।
গোটা আকাশ জুড়ে মেঘ ঘনিয়ে আসে
তার অল্প- স্বল্প উদাসিনতায় ।।

36. " বাবার কাছে "

এক দিনমজুরের ঘরের ছেলে
হাজার তারায় স্বপ্ন দেখে।
খেলে বেড়ায় আটচালাতে,
সুখের রঙ্গ খনি লুকিয়ে রাখে।
সকাল হলেই খেলতে বের হয়
মা কে ভয় পায় খুব, বকা দিলে।
আম গাছেতে ঢিল ছোড়ে রোজ
খুব ডানপিটে পাড়ার সবাই বলে।
দুপুর বেলা ঘর আসে না
ঝাপাই- ঝোরে পুকুর মাঝে
ও রোজ মানুষ হয়ে, বড়ো হওয়ার
গল্প শোনে বাবার কাছে ।।

৩৭. " কবিতা লেখা হবে না "

একদিন আর কবিতা লেখা হবে না।
লেখা হবে না কোনো অস্পষ্ট ইঙ্গিতে
লেখা উদ্দেশ্য আর বিধেয়।
শব্দ গুলো হাজার চেষ্টায়
কাছকাছি আর আসবে না।
লেখা হবে না শতাব্দী থেকে শতাব্দী
জমিয়ে রাখা ঐতিহাসিক ঘটনা,
একদিন সব একঘেয়ে হয়ে যাবে!
সেদিন আর কবিতা লেখা হবে না।
একদিন অন্য রকম ভাবে
বাঁচতে চাওয়া হবে
সেদিন আর শব্দের
জটিলতায়, বাক্যগুলো গোলাবে না।
একদিন ব্যাঞ্জনবর্ণে
তোমার নাম লেখা হবে না
একদিন কবিতা লেখা শেষ হবে।
তবে তোমায় লেখা থামাবে না
একদিন সংক্ষিপ্ত আরম্ভতায়
আর কবিতা লেখা হবে না।।

৩৪. " কলম হাতে তুলে নাও "

কলম হাতে তুলে নাও
প্রতিবাদের ঝড় তোলো।
অন্যায়ের সামনে হও আগ্নেয়গিরি
আর অত্যাচার মিটিয়ে ফেলো।
ধংস হবে আবার সৃষ্টিও হবে
অস্ত্র হাতে তুলে নাও !
তোমার হাতে তোমার জীবন
আত্মরক্ষায় এগিয়ে যাও ।
নির্যাতিতা মুখ লুকিয়ে
সমাজ তার নেয় না খোঁজ!
হিন্দু কিসে না মুসলিম ?
চোখের জল ফেলছে রোজ।
ঘরে, রাস্তায় ধর্ষিতা যারা
নির্যাতিতা এগিয়ে যাও;
প্রতিবাদের ঝড় তোলো
কলম হাতে তুলে নাও।।

৩৯. " তোমার আমার মাঝে দূরত্ব "

তোমার আমার মাঝে দূরত্ব অনেক!
ঠিক যেন,,
মানচিত্রের এপাশ থেকে ওপাশ !
বিভজন রেখা আমাদের
আলাদা করতে পারে না
নিম্নচাপে আমার দুচোখ ভেজায়।
তোমার আমার মাঝে দূরত্ব অনেক,
পশ্চিমা বায়ু আমার অনুভূতি আগলায়!
সাগর থেকে মরু প্রান্তরে ঘোরে
আর কম্পাস হাতে তোমায় খুঁজতে চায়।
তোমার অবস্থান বুঝতে পারেনা কেউ,
লাভার স্রোত দিক ভ্রষ্ট হয়
আমার আক্ষেপ গুলো মরিচীকা হয়ে ,
ঠিক তোমার মতোই চোখের আরাল হয়।

আমার দুঃখ গুলো
মারিয়ানা ছুঁতে চায়।
ক্লান্তিরা সব পাহাড়ে উঠে
নেয় বুক ভরা নিশ্বাস।
তোমার আমার মাঝে দূরত্ব অনেক
ঠিক মানচিত্রের এপাশ থেকে ওপাশ ।।

40. " সাদাকালো সিনেমার মতো "

সাদাকালো সিনেমার মতো
আমাদের জীবন।
নারী পুরুষ সকলেই ,
এক একটা কাল্পনিক চরিত্র।
যাদের আগে থেকেই বলে দেওয়া হয়
কোন দিন কি পাঠ করবে;
হাজারো ভালোবাসার নাটক করে তারা,
আবার সুযোগ মতো স্বার্থ বুঝে নেবে।
সিনেমার মতো এই পর্দাতেও আত্মঘাতী
জীবন ছাড়ে আর্তনাদ আর বিভৎসতায় !
হঠাৎ কদিনের পরিচয়ে খুনি সাথে মৃতদেহের বন্ধুত্বের ঘনিষ্ঠতা দেখা
যায়।
এই সিনেমায় মিলনও হয়
বিচ্ছেদও হয় সুস্পষ্ট
হাজার মানুষ যুদ্ধ করে
মৃত্যুর আলিঙ্গনে হয় পথভ্রষ্ট।
এই সিনেমায় শেষে থাকে না হাসি।
মিলে যায় না আসলে মতো,
এখানে মানুষ গুলো বহুরূপী
সাদা কালো সিনেমার মতো।।

41. " মিনিট কুড়ির সাক্ষাৎ "

মিনিট কুড়ি আগে দেখা হয়েছিল তার সাথে
না জানি তার নাম, না পাড়ার গলি।
চিঠি লিখতে গিয়ে কি লিখবো
বুঝে উঠতে পারছিনা।
কি লিখবো ?
কোন ঠিকানায় ?
মিনিট কুড়ির দর্শনে কি প্রেম হয় !
চিঠির প্রথমে কি প্রিয় লিখবো ?
কুড়ি মিনিটের সাক্ষাতে কি প্রিয় হওয়া যায় ?
মানুষ চিনিতে এক আলোবর্ষ লাগে ;
এইটুকু সময়ে কি কাছের মানুষ হওয়া যায় ?
অনেক কষ্টে চিঠি লিখেছি
কিন্তু পাঠাবো কোথায় ?
কোন ঠিকানায় ?
মেয়েটির পরিচয় জানা হলো না
কুড়ি মিনিটের হঠাৎ দেখায়।।

42. " পোড়া চিঠি গুলো "

চিঠি আর পুরানো ছবি গুলো
যেন অনেক আগেই,
পোড়ানোর ব্যার্থ চেষ্টা করা হয়েছে ।
ভাঙা কাঁচ গুলো জোড়া লাগালে
যেন খোঁজ পাওয়া যাবে
অচেনা কোনো রহস্যের!
দেওয়ালের অস্পষ্ট অক্ষর গুলো
মিলিয়ে দেখতে গিয়ে,
উদ্ধার হবে প্রাচীন কোনো লিপি ।
পাশাপাশি দুই কঙ্কাল দেখে
বন্ধু না একে অপরের খুনি
তার খোঁজ এখনও পাওয়া যায়নি।
হঠাৎ রাতের অন্ধকারে
পোড়া চিঠি গুলো বলে ,
আমাকে আগলে ছিল কেউ !
গ্রিক ,রোমান ,ক্যাথলিক সব ব্যার্থ হয়েছে !
দশক পরে চিঠি গুলো
আবিষ্কার হলেও ।।

43. " মা "

আমার প্রাণের মা
আমার জন্ম তুমি, মৃত্যু তুমি
জীবন তুমি, ধাত্রী তুমি।
বড়ো ভাগ্য করে পেয়েছি তোমারে,
কঠিনে দিয়েছি পা।
আমার প্রাণের মা।
মা তো শুধু একজনই নয়!
মা কি জগতে একটাই হয় ?
বিশ্ব যে মা ,নারীও যে মা
এক এক রুপে গড়া,
আমার প্রাণের মা।
তোমাতে আমাতে মিলায়ে আত্মা,
গড়ে ওঠে যে শক্তি
জগৎ চলে সেখান থেকে,
পাপীর হয় মুক্তি।
তাই মায়ের জন্য সব কিছু হোক।
জীবন -মৃত্যু মা
রক্তের এক- এক ফোঁটা বলে দিক শুধু,
মা চাই আজ মা।

44. " দুনিয়াটা আজ বদলে গেছে "

দুনিয়াটা আজ বদলে গেছে
জীবন্ত লাশ আজ প্রতিটা ঘরে।
আপনজনের মৃতদেহ হয় নিখোঁজ !
ডিপ্রেশনে গৃহবন্দী স্থগিত যোগাযোগ।
কৃত্রিমতার রোগ ঢুকেছে,
হ্যাকিং –এ জীবন রপ্ত ।
বেকার যুবক দুঃখ কমাতে,
সিলিং ছুঁয়েই জব্দ!
আরও আছে আত্মহত্যা, ধর্ষণ
জীবন শেষের নিষ্ঠুরতা ।
দশক পরে থাকবে সবই,
শুধু লুপ্ত হবে মানবতা !
গরীবেরা সব রাস্তায় নেমে,
রিলিফে কাটছে দিন।
বড় বাবুরা আগাম গুছিয়ে
সংবাদে বিলীন।
নিজের ভালো অনেক দেরী,
ওসব পরজীবীকে কিসের ভয় ?
একটা জীবন আনন্দ করো
হোক না যতই অবক্ষয় !
কম্পিউটার সিস্টেমে তে আটকা পড়ে,
হৃদযন্ত্রের বারোটা বাজো।

রাইমা দাস

সমাজ আজ দিক ভ্রষ্ট
দুনিয়াটা আজ বদলে গেছে।।

45. " অন্ধকার দাও "

আমায় আরও অন্ধকার দাও..
নিকষ কালো অন্ধকার,
আমায় আলিঙ্গন করেছে চারিদিক থেকে ।
ঠিক মায়ের মতো আগলে রেখেছে,
পার্থক্যটা শুধু গাঢ়ত্বের,
অন্ধকারও আমায় ভালোবাসে!
তাই আমায় মুড়ে নিয়েছে এক অতৃপ্ত চাদরে,
আমায় আরও অন্ধকার দাও ।।

46. " এ সমাজ বদলাবে না "

ঘুম চোখে উঠে দেখি –
মারামারি,কাটাকাটি, খুনোখুনি হচ্ছে,
নেতারা দাঁড়িয়ে আছে,
গোটাকতক নিদোষ পথে মার খাচ্ছে !
পুলিশ আসতে দেরি,
এইতো সবে শুরু।
রিপোর্টার হেডলাইন জুড়তে
কুঁকরেছে ভূ ।
আমুক নেতা,পেয়েছে ব্যথা।
মাথায় ভীষণ চোট !
দেখো হাত জড়ো করে,পড়ছে বাণী –
চাইতে এসেছে ভোট।
কি চাই বলো হাসপাতাল, স্কুল ?
কলের জল ফ্রি–তে ?
উফঃ কি গরম জিতি একবার
ঘুরবো এসি গাড়িতে !
এমন দশা পাল্টাবে না,
বাড়বে ভুঁড়ি তিনতলা।
যারা মার খাচ্ছে,,আবার খাবে
এ সমাজ বদলাবে না ।।

47. " আমি সেই মেয়ে "

আমি সেই মেয়ে
যে এক নিমেষে,
প্রতিবাদের ঝড় তুলতে পারি।
আমি সেই মেয়ে,
যে এক নিমেষেই,
দাবার শক্ত চালটা ঘোরাতে পারি।
আমি সেই মেয়ে,
যে দিনের আলোতে দীপ্ত রানী।
আমি সেই মেয়ে,
যে অন্ধকারে নিজেতে হারি।
দুর্বল হয়েও শক্ত আমি !
জোর না থাকলেও জয়ী আমি !
হ্যাঁ, আমি,
সবার চোখে আঙুল দিয়ে,
ভুল দেখাতে পারি।
আমি সেই মেয়ে
যে এক নিমেষেই,
প্রতিবাদের ঝড় তুলতে পারি।।

48. " চিলে কোঠায় শ্রাবণ এলে "

আমার অনেক কথা বলার ছিল।
অনেক শব্দ দিয়ে বাক্য গড়া বাকি ছিল
তুই কি ভাসিয়েছিলিস
কাগজের নৌকা গুলো ?
যখন তোর চিলে কোঠায়
শ্রাবণ এসেছিল!
বসন্ত এলে,
আমায় জন্য পলাশ এনে দিস
টকটকে লাল পলাশ !
আমি না হয় বাঁধবো খোঁপায়,
তোর হাত ধরে হেঁটে বেড়াবো
সবকটা পাড়া - গাঁয়।
আমার অনেক কথা বলার ছিল
এখন যদিও হয় না বলা
তুই কি নেশা করেছিলিস
সেদিন ?
যেদিন সুগন্ধি দিয়েছিলাম গায় !
সেদিন কিন্তু বর্ষা আসেনি, তবু ভিজেছি জলে সারাটা দুপুর
শুনেছি তোর শহরের বৃষ্টি হলো
তুই ভিজিস নি বর্ষায় ?
তুই কি বুঝবি আমার শব্দ গুলো ?
নাকি চুপ শুনে, তাকিয়ে যাবি

আমার অনেক কথা বলার ছিল
এবারেও কি,
চিলেকোঠায় শ্রাবণ এলে ফিরে যাবি ?

49. " ধর্ম এক মানবতা "

আমি " ইশ্বরে" বিশ্বাসী,
আমি "আল্লাহ " কে ভালোবাসি।
ভেদাভেদ কি মানায় মানুষে ?
একই মা , রক্ত একই ।
মিলেমিশে আজ একটাই দেশে !
কে হিন্দু ? কে মুসলিম ??
চালচলনে বোঝা,
মুচি , মেথর রইলো নীচে..
ব্রাহ্মনেতে ধর্ম খোঁজা ।
কত লড়াই কত সংগ্রাম,
অত্যাচার শেষে,
জাতিভেদ কাটাতে পারেনি মানুষ,
তা রক্তে গিয়েছে মিশে..!!
বিপদে পড়লে কোথায় বা যাই ,
"মন্দির কি মসজিদ"
একই "আল্লাহ "একই "ইশ্বর"
দূর্গাপূজা ও ঈদ ।
'সন্ধ্যারতি'- 'নামাজ' পড়া,
মানুষে কেন এত ভেদ ?
ধর্মের নামে এত খুন খুনি,
রাগ, ক্ষোভ আর এত জেদ !
বিপদে পড়লে মুসলিম ভায়া
হিন্দু বাড়ায় হাত –
আচ্ছা, কে হিন্দু ? কে মুসলিম ?

আজ শেষ হোক জাতপাত ।
শেষ হোক সব মনে জমে থাকা
হিংসার নামে জাতি,
"মানবতা" হোক একটি ধর্ম
বাকি সব হোক ইতি....।।

50. " জীবন্ত লাশ বাঁচে "

নিকোটিনের ধোঁয়ায় কিছু
জীবন্ত লাশ বাঁচে।
সারাদিনের মুখোশ খুলে ,
মাঝরাতে তারা কান্নায় ভেঙে পড়ে।
ব্যর্থতা দিয়ে ঘর তৈরি তাদের।
মন্দে- মন্দে দ্বন্দ্ব শুরু হয় যখন,
তখন তারা ভেঙেচুরে,
একাকার হয়ে থাকে।
ওদের খবর শুধু চার দেওয়ালেই থাকে
অতিরিক্ত মন খারাপ শিলিং মনে রাখে !
বন্ধ জানলা গুলোর দমবন্ধ হয়,
লাশ গুলো গুমড়ে গুমড়ে মরে!
বালিশ গুলো স্যাঁতস্যাঁতে হয়ে যায়।
ঝাঁঝালো দুর্গন্ধে শরীর গুলিয়ে আসে,
মৃত্যুর আগে অব্দি বাঁচতে চাওয়ার আশায়,
নিকোটিনের ধোঁয়ায় কিছু জীবন্ত লাশ বাঁচে !